AF326588

This Belongs To:

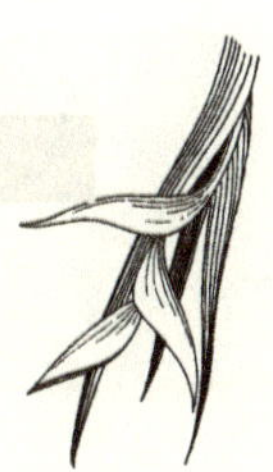

JOURNAL

*They Don't Know The Power
They Carry*

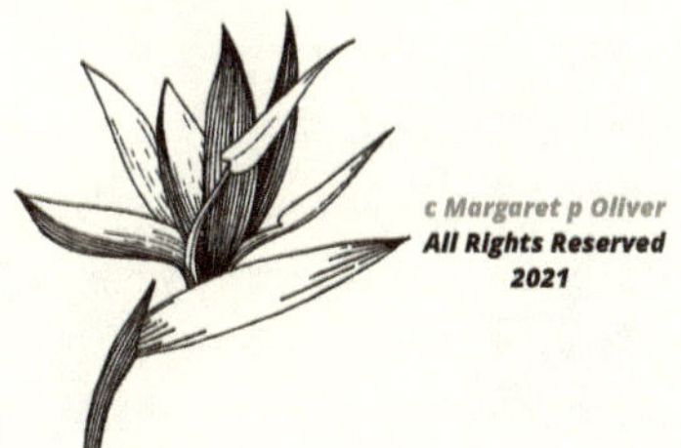

c Margaret p Oliver
**All Rights Reserved
2021**

THEY DON'T
KNOW THE
POWER THEY
CARRY

THEY DON'T
KNOW THE
POWER THEY
CARRY

THEY DON'T
KNOW THE
POWER THEY
CARRY

MPO

THEY DON'T
KNOW THE
POWER THEY
CARRY

MPO

MPO

MPO

THEY DON'T
KNOW THE
POWER THEY
CARRY

MPO

THEY DON'T
KNOW THE
POWER THEY
CARRY

THEY DON'T
KNOW THE
POWER THEY
CARRY

MPO

THEY DON'T
KNOW THE
POWER THEY
CARRY

MPO

THEY DON'T
KNOW THE
POWER THEY
CARRY

THEY DON'T
KNOW THE
POWER THEY
CARRY

THEY DON'T
KNOW THE
POWER THEY
CARRY

THEY DON'T
KNOW THE
POWER THEY
CARRY

MPO

THEY DON'T
KNOW THE
POWER THEY
CARRY

MPO

THEY DON'T
KNOW THE
POWER THEY
CARRY

MPO

THEY DON'T
KNOW THE
POWER THEY
CARRY

THEY DON'T
KNOW THE
POWER THEY
CARRY

MPO

MPO

THEY DON'T
KNOW THE
POWER THEY
CARRY

THEY DON'T
KNOW THE
POWER THEY
CARRY

MPO

THEY DON'T
KNOW THE
POWER THEY
CARRY

MPO

THEY DON'T
KNOW THE
POWER THEY
CARRY

MPO

THEY DON'T
KNOW THE
POWER THEY
CARRY

MPO

MPO

THEY DON'T
KNOW THE
POWER THEY
CARRY

MPO

MPO

THEY DON'T
KNOW THE
POWER THEY
CARRY

THEY DON'T
KNOW THE
POWER THEY
CARRY

MPO

THEY DON'T
KNOW THE
POWER THEY
CARRY

MPO

THEY DON'T
KNOW THE
POWER THEY
CARRY

MPO

THEY DON'T
KNOW THE
POWER THEY
CARRY

MPO

THEY DON'T
KNOW THE
POWER THEY
CARRY

THEY DON'T
KNOW THE
POWER THEY
CARRY

MPO

THEY DON'T
KNOW THE
POWER THEY
CARRY

MPO

THEY DON'T
KNOW THE
POWER THEY
CARRY

MPO

THEY DON'T
KNOW THE
POWER THEY
CARRY

MPO

THEY DON'T
KNOW THE
POWER THEY
CARRY

MPO

THEY DON'T
KNOW THE
POWER THEY
CARRY

MPO

THEY DON'T
KNOW THE
POWER THEY
CARRY

MPO

THEY DON'T
KNOW THE
POWER THEY
CARRY

THEY DON'T
KNOW THE
POWER THEY
CARRY

MPO

THEY DON'T
KNOW THE
POWER THEY
CARRY

MPO

THEY DON'T
KNOW THE
POWER THEY
CARRY

MPO

THEY DON'T
KNOW THE
POWER THEY
CARRY

MPO

THEY DON'T
KNOW THE
POWER THEY
CARRY

MPO

MPO

THEY DON'T
KNOW THE
POWER THEY
CARRY

MPO

THEY DON'T
KNOW THE
POWER THEY
CARRY

THEY DON'T
KNOW THE
POWER THEY
CARRY

MPO

MPO

MPO

THEY DON'T
KNOW THE
POWER THEY
CARRY

MPO

THEY DON'T
KNOW THE
POWER THEY
CARRY

MPO

THEY DON'T
KNOW THE
POWER THEY
CARRY

MPO

THEY DON'T
KNOW THE
POWER THEY
CARRY

MPO

THEY DON'T
KNOW THE
POWER THEY
CARRY

MPO

THEY DON'T
KNOW THE
POWER THEY
CARRY

MPO

MPO

MPO

THEY DON'T
KNOW THE
POWER THEY
CARRY

MPO

THEY DON'T
KNOW THE
POWER THEY
CARRY

MPO

MPO

THEY DON'T
KNOW THE
POWER THEY
CARRY

THEY DON'T
KNOW THE
POWER THEY
CARRY

MPO

THEY DON'T
KNOW THE
POWER THEY
CARRY

MPO

MPO

THEY DON'T
KNOW THE
POWER THEY
CARRY

THEY DON'T
KNOW THE
POWER THEY
CARRY

THEY DON'T
KNOW THE
POWER THEY
CARRY

MPO

THEY DON'T
KNOW THE
POWER THEY
CARRY

MPO

THEY DON'T
KNOW THE
POWER THEY
CARRY

MPO

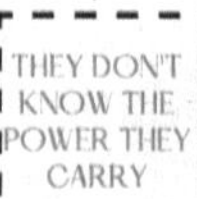

THEY DON'T
KNOW THE
POWER THEY
CARRY

MPO

MPO

THEY DON'T
KNOW THE
POWER THEY
CARRY

MPO

THEY DON'T
KNOW THE
POWER THEY
CARRY

THEY DON'T
KNOW THE
POWER THEY
CARRY

MPO

THEY DON'T
KNOW THE
POWER THEY
CARRY

MPO

THEY DON'T
KNOW THE
POWER THEY
CARRY

MPO

THEY DON'T
KNOW THE
POWER THEY
CARRY

MPO

THEY DON'T
KNOW THE
POWER THEY
CARRY

MPO

THEY DON'T
KNOW THE
POWER THEY
CARRY

MPO

THEY DON'T
KNOW THE
POWER THEY
CARRY

MPO

THEY DON'T
KNOW THE
POWER THEY
CARRY

MPO

THEY DON'T
KNOW THE
POWER THEY
CARRY

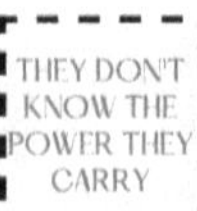

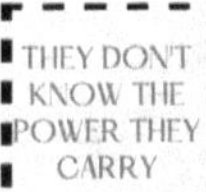

THEY DON'T
KNOW THE
POWER THEY
CARRY

THEY DON'T
KNOW THE
POWER THEY
CARRY

MPO

THEY DON'T
KNOW THE
POWER THEY
CARRY

MPO

THEY DON'T
KNOW THE
POWER THEY
CARRY

MPO

MPO

THEY DON'T
KNOW THE
POWER THEY
CARRY

THEY DON'T
KNOW THE
POWER THEY
CARRY

MPO

THEY DON'T
KNOW THE
POWER THEY
CARRY

MPO

THEY DON'T
KNOW THE
POWER THEY
CARRY

MPO

THEY DON'T
KNOW THE
POWER THEY
CARRY

MPO

THEY DON'T
KNOW THE
POWER THEY
CARRY

MPO

THEY DON'T
KNOW THE
POWER THEY
CARRY

MPO